ADRESSE

A

L'ASSEMBLÉE NATIONALE.

A NOSSEIGNEURS

DE

L'ASSEMBLÉE NATIONALE.

NOSSEIGNEURS,

Les habitans insulaires de la plus importante des Colonies, viennent supplier le plus auguste, le plus éclairé des Sénats, d'entendre leurs justes réclamations, et de rendre l'un de ces décrets qui donne des droits à la reconnoissance. Daignez suspendre pour un moment vos grandes occupations, et prêter une attention bienveillante à des Colons-Français qui sollicitent avec respect et confiance.

Lorsque dans la fin de l'année dernière, plusieurs de nos compatriotes qui ont l'honneur d'être assis parmi vous, les uns en qualité de représentans de notre île, les autres de différens bailliages de la métropole (*), demandoient, pour la Colonie de Saint-Domingue, une représentation aux états-généraux alors futurs, ils se faisoient un titre du grand nombre de propriétaires Colons qui résident en France : ils disoient, imprimoient, et nous répétons aujourd'hui avec eux, que *les Colons de Saint-Domingue qui résident en France, forment, sans contredit, la majeure partie, la plus forte portion des propriétaires-planteurs de cette Colonie.*

Les Colons qui habitent Paris, Bordeaux, la Rochelle, séparés par les mers de leurs compatriotes d'Amérique, ont cherché à atténuer, autant qu'il étoit en eux, l'inconvénient qui naît de la distance immense entre la mé-

---

(*) MM. le duc de Praslin, marquis de Paroy, comte de Reynaud, comte de Magalon, chevalier Dougé, marquis de Périgny, et marquis de Gouy d'Arcy.

tropole et la Colonie, en vous suivant avec attention dans la vaste carrière que vous vous êtes tracée, que vous parcourez avec tant de lumières, et en cette rapide succession de grands évènemens, qui, en opérant la régénération de l'empire français, en éterniseront la mémorable époque.

Ces évènemens ayant apporté à l'ancien état des choses, des changemens qui ne peuvent être encore bien connus dans la plus grande des Antilles françaises, nous croyons qu'il est de notre devoir de vous porter le vœu que formeroit la Colonie elle-même, si elle était suffisamment instruite, et près de vous, pour le manifester. Nous demandons peu pour elle ; nous nous renfermons dans les bornes de l'étroit nécessaire ; mais sa gratitude ne sera ni moins vive, ni moins entière, si vous daignez, sur notre supplique, *renvoyer à un autre temps toutes motions qui pourroient être faites, relatives à la Colonie de Saint-Domingue, ou tout au moins celles qui auroient quelque rapport à son régime intérieur.*

Nous croyons ce vœu fondé sur plusieurs motifs importans.

1°. Les Colons qui résident en France, *cette majeure, cette plus grande portion des*

A iij

propriétaires - planteurs , ne sont pas représentés.

2°. La Colonie elle-même n'a pas une *véritable représentation.*

3°. Après avoir, en peu de mots, démontré
ces deux vérités, nous essaierons de prouver
que quand il en seroit autrement , il n'en
seroit pas moins desirable que notre vœu,
trouvant auprès de vous un accueil favorable,
fût accompli.

1°. Les Colons qui sont en France ne sont
pas représentés.

La Colonie de Saint-Domingue n'a point
été comprise dans la convocation qui a eu
lieu pour les provinces du royaume. Quelques propriétaires habitant Paris , ont de-
mandé une convocation particulière , qu'ils
n'ont pas obtenue ; quelques particuliers ont
sollicité dans la Colonie , la permission de
s'assembler ; elle leur a été refusée. *Voilà
les faits.*

Les Colons qui résidoient en France ,
n'ayant été invités ni par le Roi, ni par la
Colonie, n'ont pas dû, n'ont pas pu se rendre

sur le lieu, ni s'y faire représenter. *Voilà le principe.*

Ils avoient le droit de donner leurs suffrages ; ils ne l'ont pas fait, ils n'ont pu ni dû le faire ; la *conséquence nécessaire* est qu'ils ne sont pas représentés. Leurs compatriotes, qui ont eu l'honneur d'être admis parmi vous, n'ont ni leurs pouvoirs, ni leurs instructions ; donc ils ne peuvent ni parler, ni agir, ni consentir pour *la majeure partie,* pour *la plus forte portion des propriétaires - planteurs.* Ce qui seroit fait pour la Colonie, ne pourroit être obligatoire pour *cette majeure partie,* pour *cette plus grande portion,* faute de consentement, ni réel, ni supposable. Rien cependant de ce qui seroit fait ne pourroit être divisible : donc enfin, rien dans cet état ne peut être réglé pour la Colonie.

2°. La Colonie elle-même n'a pas une *véritable représentation.*

S'il étoit possible de laisser à l'écart cette *majeure partie,* cette *plus forte portion des propriétaires-planteurs* qui sont en France, notre proposition n'en seroit pas moins vraie.

Ce n'est pas que pour la démontrer, nous voulions alléguer le défaut de convocation ; celui d'Assemblées complètes, libres, régulières ; moins encore la réduction de *trente-*

un Députés envoyés au-delà des *cinq sixiè-mes :* nous avons trop de respect pour l'auguste Assemblée qui a couvert des vices, par l'honorable admission qu'elle a faite de *six de nos compatriotes.*

Nous nous arrêterons uniquement, *mais avec force*, sur ce grand principe auquel il n'est point d'exception : « Le vœu *du plus* « *grand nombre* des intéressés à une chose « commune, est *le véritable*, *le seul vœu*. Le défaut de ce vœu *du plus grand nombre*, rend nul, *anéantit entièrement*, celui qu'auroit pu former le *moindre nombre :* cette vérité est sans réplique.

A l'application, nous avons l'honneur de vous assurer, NOSSEIGNEURS, *que le plus grand nombre* de ceux des Colons qui habitent Saint-Domingue même, n'a point voté pour la députation, ni pour le choix des Députés, que beaucoup ont manifesté un vœu contraire, par une requête adressée aux administrateurs de la Colonie à la fin de l'année dernière. L'île de Saint-Domingue est peuplée d'environ *vingt-cinq mille* habitans blancs ; nous estimons qu'en mettant à l'écart les femmes et les non-majeurs, environ *douze mille planteurs et autres* avoient le droit de voter en cette circonstance. De ce nombre *quatre mille* seulement paroissent avoir de-siré une représentation , et de manière ou d'autre, fait le choix des Députés. Les vices de forme étant couverts, nos compatriotes ne représenteroient donc tout au plus qu'un *tiers* des habitans qui sont *sur le lieu même ;* ils n'ont donc ni *le vœu général,* ni *le vœu prépondérant en nombre ;* la Colonie n'est donc pas véritablement représentée.

Si vous avez, NOSSEIGNEURS, par la plénitude de votre puissance , anéanti les vices qui existoient par le défaut de convocation, par celui d'Assemblées libres et régulières ; si vous avez réduit le nombre des Députés, ni votre justice, ni votre sagesse ne voudront couvrir de tous les vices le plus radical. Vous ne voudrez jamais , que par le renversement absolu du plus incontestable des principes , *le moindre nombre , celui d'un tiers* , ait une influence prépondérante *sur le plus grand nombre, celui des deux tiers.*

3°. Mais quand la majeure partie , *la plus grande portion des propriétaires - planteurs* qui sont en France , seroit représentée ; quand , sans elle, *la Colonie le seroit réellement ;* votre bienveillance, NOSSEIGNEURS , n'en seroit pas moins justement excitée à nous accorder ce qui fait l'objet de notre supplique.

D'abord, rien, à Saint-Domingue, ne périclite ; rien ne rend pressant que votre auguste Assemblée s'occupe de ce qui concerne la Colonie ; tout y est tranquille, tout s'y régit comme par le passé : on peut donc attendre, sans aucun risque, sans aucun inconvénient, que la Colonie elle-même, qui va s'assembler, fournisse les matériaux nécessaires pour l'édifice de la constitution particulière qui lui sera propre.

Il y a nécessité d'attendre d'elle des instructions nouvelles, parce qu'en supposant qu'elle se fût valablement expliquée à la fin de l'année dernière, elle ne pourroit l'avoir fait suffisamment pour l'état actuel des choses ; elle ne pouvoit prévoir alors qu'il s'agiroit d'une constitution établie sur des bases nouvelles, d'autres principes, de refondre entièrement les lois, de préparer de nouveaux usages ; qu'il s'agiroit enfin d'une variété incommensurable dans les pratiques générales et particulières.

Dans cet entier renouvellement, la métropole a pu prévoir, elle a vu promptement, elle continuera d'être instruite avec la même célérité, par la facilité des communications entre toutes les parties de ce grand tout : une seule constitution, des lois pareilles, les mêmes usages peuvent lui convenir ; elle peut les adopter sans forcer les possibilités.

Mais la Colonie de Saint-Domingue est dans un grand éloignement. Les communications entre elle et la métropole sont lentes, difficiles, souvent incertaines ; les évènemens sont passés ; ils ont produit leur effet avant même qu'elle puisse être instruite de leur existence. Cette Colonie est liée à la métropole par des rapports qui lui sont particuliers, qui ne peuvent être semblables à ceux qui lient chaque province au tout ; il lui faut, comme vous l'ont déja dit nos compatriotes admis parmi vous (1), *une constitution propre à ses mœurs, à ses usages, à ses manufactures, à son climat.* L'état inaltérable des choses, fixé par la nature même, le veut ainsi.

Nous ne desirons rien plus ardemment que de resserrer les liens qui nous unissent à la patrie, de nous appliquer ce qui, dans le cercle des possibles, pourra augmenter nos relations. C'est pour y parvenir plus surement, plus complètement, que nous souhaitons que la Colonie s'expliquant elle-même positive-

---

(1) Opinion de M. de Cocherel, Député de Saint-Domingue, sur l'admission des Nègres et Mulâtres libre aux assemblées provinciales.

ment, suffisamment , présente des bases fixes
des détails sûrs , qui , éclairant votre justice ,
suppléent entièrement à l'expérience person-
nelle et locale , afin que chacun des mem-
bres de cette auguste Assemblée puisse pro-
noncer en parfaite connoissance de cause ,
avec une entière conviction.

Nous ne dirons pas , comme ceux de nos
compatriotes qui , dans la fin de l'année dernière , présentèrent leur requête aux Administrateurs de la Colonie , qu'une représentation dans l'Assemblée de la Nation , ne don-
neroit que de *prétendus avantages , auxquels
leur éloignement et la différence de régime
leur interdit d'aspirer , et qui pourroient
même leur devenir funestes* (1) : mais nous
répéterons avec les six Colons admis parmi
vous , *qu'ils sont embarrassés* (2).

Eh ! comment en effet ne seroient-ils pas
embarrassés ? Que de choses imprévues se
sont présentées , sur lesquelles il n'y a que
la Colonie elle-même qui puisse s'expliquer
et donner un vœu positif !

Après avoir démontré que *la majeure par-*

---

(1) Ordonnance rendue le 26 septembre 1788, par
MM. les Administrateurs de Saint-Domingue.

(2) Idem.

tie, la plus grande portion des *Propriétaires-planteurs* qui sont en France , ne sont pas représentés ; que la Colonie elle-même n'a pas *une véritable représentation* ; qu'enfin , et de l'aveu même des Colons admis parmi vous , *il est nécessaire que l'île de Saint-Domingue s'explique elle-même* ; qu'il n'y a aucun inconvénient à lui accorder un délai suffisant ; nous vous supplions, NOSSEIGNEURS, par ces raisons , et plusieurs autres qu'il seroit superflu de développer :

De décréter que la discussion de toutes motions qui pourroient être proposées , relatives à la Colonie de Saint-Domingue, ou tout au moins à son régime intérieur , sera suspendue , jusqu'à ce qu'en nouvelle connoissance de cause, elle ait formé des vœux positifs, certains , et fourni des lumières locales, également avantageuses pour elle et pour la mère-patrie. Signé , *Cormier , Roberjot-Lartigue , Thenet , l'abbé de Paroy , le chevalier de la Belinaye , le vicomte de la Belinaye , Concressault , le comte d'Agoult, de Chavigny , Thevenin de Mélizey , Desperrières , comte d'Orfeuil , Vincent de Montarcher , la Boissier , de Court de la Tonnelle , Bigot de Bellemarre , Pothenot , Guiton , Berard , Simonnet de Maisonneuve , le mar-*

quis Dupuy-Montbrun, Coulom, Reynaud, vicomte de Léaumont, Contant de Castelin, Penin de Lépine, Guillaudeu du Plessis, l'abbé Leclerc de Saint-Étrain, Bérard aîné, B. de l'Ester, Dumas, B. de la Mahotière, Gouraud de Bellevue, marquis de Massiac, Bretton des Chapelles, Caze, d'Acosta, Chastenoye, Poitevin de Maissemy, Marrier de Chanteloup, de Castelin, Regnier, Lamotte, David, le comte de Beaujeu, Bongars, le vicomte de Gauville, Drouillard de la Marre, de Noirmon, Lohier de-la Sandraye, baron de Beaumont, Terrien l'aîné, le comte de Vergennes, Deslandes, Laroque, Aubert, Rioust, Chuilleau, Périsse de Sources, Barré de Saint-Vénant, Dufour, Lafytte, M. Bidone, Moreau, Bercheny, chevalier Terrien des Rivières, de Chalandray, Billard, Rossignol de Grammont, Lohier.

Nota. Outre les signatures ci-dessus, il est d'autres Propriétaires de la Colonie de Saint-Domingue, qui composent la société des Colons français réunis à Paris, et pour lesquels cette Société est autorisée à délibérer : ce sont,

MM. *Artaud, Ango, Amidieu-Duclos, Belin-Villeneuve, de Boines, de Choiseul,* de Chabaud frères , Chartier , Chancerel , Castel de Biros , Cabeuil du Vaurouis , Couradin de Flamarre , Couradin du Castillan , Duval Sanadon , marquis des Gleireaux , Daveroult , du Fougerais , comte du Quesne , comte du Chatel , comte du Muy , Fournier de Bellevue , Fournier de Bellevue jeune , Fleuriau de Tourchelonge , Fouache frères , marquis de Galiffet , Gravé de Sérignan , Hostein , d'Heillecourt , Imbert , Lucas de Blaire , marquis de la Roche-Jaquelin , le Roy de la Verouillière , vicomte de la Jonquière , de la Garde , marquis de Malherbes , de Martineau , Maurel , comte de Mondion , l'abbé d'Osmond , Pivert , de Portelance , Poirier , Pirlot de l'Hermitage , Reverdy , Reverdy jeune , Renard de Barentin , le marquis de la Rochefoucault - Bayers , chevaliér de Sillac , Soullée , L'héritier , la Taste.

La Société correspond avec *deux cents Colons* réunis à Bordeaux, qui sont dans les mêmes principes , et ont les mêmes vues. La Société de Bordeaux va incessamment envoyer son adhésion à la présente adresse.

BILLARD , Président.

Par Mandement ,

LOHIER , Secrétaire.